## Hallo, ich bin Steffi!

Schön, dass du mein Rezeptheft für Backblech-Rezepte für den großen Ofenzauberer in Händen hältst!

Ich heiße Steffi und seit vielen Jahren zählen das Kochen und Backen zu meinen Hobbys.

Beim Kochen und Backen kann ich kreativ sein, es entspannt und ist für mich ein Teil von Genuss und Lebensqualität. In meiner Küche neue Rezepte zu entwickeln, macht mir sehr viel Spaß! Es ist mein persönliches Küchen-Yoga.

In diesem Heft findest du leckere Backblech-Rezepte. Von All-in-one-Gerichten bis zu saftig leckerem Kuchen ist alles dabei. Alle Rezepte kannst du auch mit einer herkömmlichen Küchenmaschine mit Knetfunktion und auch mit dem Thermomix® zubereiten. Die Angaben für den Thermomix® findest du in Klammern im Text.

In Kombination mit den Produkten von Pampered Chef® kannst du dich immer auf tolle Gerichte freuen!

Meine Rezepte sind einfach zuzubereiten und haben meist nur wenige Zutaten. Auf meiner Website **www.ebbing-tm.de** findest du viele weitere Ideen.

Ich wünsche dir viel Freude mit diesem Rezeptheft!

*Deine Steffi*

# INHALTSVERZEICHNIS

## EINLEITUNG



## FLEISCH UND GEFLÜGEL



## FISCH

# INHALTSVERZEICHNIS

## VEGETARISCH



## KUCHEN UND SÜSSES



## SONSTIGES

# PRODUKT

**Verwendetes Pampered Chef®-Produkt**

## *Großer Ofenzauberer plus*

Backblech 40,5 x 30 cm

Der große Ofenzauberer plus von Pampered Chef® ist ein Backblech aus 100 % reinem Ton, auch Stoneware genannt. Ideal für Pommes, Kartoffeln, Pizzen, Blechkuchen, Backofengerichte, Frikadellen, Bratwürstchen oder Schnitzel und vieles mehr.

Das Material erzeugt beim Backen ein Mikroklima in deinem Backofen, das vergleichbar ist mit dem Klima in Steinbacköfen. Bei der Verwendung bist du besonders flexibel. Der große Ofenzauberer plus ist im kalten Zustand sofort einsatzbereit. Es ist trotzdem möglich, ihn vorzuheizen, wenn es dein Rezept verlangt. Dies wäre z. B. beim Backen von mehreren Pizzen hintereinander der Fall.

## *Anmerkungen zu den Rezepten*

Alle Rezepte sind für ca. 4 bis 5 Portionen berechnet.
Ist im Rezept keine Mengenangabe bei den Gewürzen wie z. B. Salz und Pfeffer angegeben, kannst du die Menge nach deinem Geschmack frei wählen.

## *Abkürzungen*

| | | |
|---|---|---|
| g = Gramm | TL = Teelöffel | Min. = Minuten |
| kg = Kilogramm | EL = Esslöffel | Sek. = Sekunden |
| l = Liter | Pck. = Packung | TK = Tiefkühl |
| ml = Milliliter | TM = Thermomix® | gestr. = gestrichen |

# STONEWARE

**Handhabungshinweise**

**# 01** **Stoneware bei den ersten Anwendungen mit einem hoch erhitzbaren Fett einfetten** (Kokosöl, Rapsöl oder Ghee). Dadurch bildet sich die Patina, die natürliche Antihaftbeschichtung.

**# 02** **Stoneware immer zu mehr als zwei Dritteln belegen** und Lebensmittel gleichmäßig auf der Stoneware verteilen.

**# 03** Stoneware grundsätzlich auf der **untersten Schiene** auf einem **Backrost** verwenden.

**# 04** **Zur Reinigung die Stoneware mit heißem Wasser und einer Bürste säubern.** Verwende den SauberFix für Verkrustungen. Verwendung von Spülmittel erlaubt.

**# 05** **Plötzliche Temperaturunterschiede vermeiden.** Tiefkühlprodukte vorher separat auftauen lassen.

**# 06** **Auf und in der Stoneware darf geschnitten werden** (Messer oder Pizzarad).

**# 07** **Die naturfarbene Stoneware ist für die Nutzung im Backofen und in der Mikrowelle geeignet.** Nicht auf dem Grill verwenden.

**# 08** **Stoneware plus** besitzt zusätzliche Vorteile. Zu erkennen am Wellenmuster auf der Unterseite. Vorheizen der leeren Form erlaubt, hitzebeständig bis 260 °C, spülmaschinengeeignet.

Scann mich!

**Weitere Infos findest du unter:**

www.ebbing-tm.de/tipps-tricks/handhabung-stoneware/

# REZEPTE

# Hackbällchen mit Kartoffeln

GROSSER OFENZAUBERER

1 Std.
5 Min.

## ZUTATEN

**Hackbällchen**

500 g Hackfleisch nach Wahl

1 Becher Schmand

1 Pck. Zwiebelsuppe (Pulver)

**Kartoffeln**

ca. 8 große Kartoffeln

3 EL Olivenöl

2 TL Pommesgewürz

4–5 Rosmarinzweige

## ZUBEREITUNG

1. **Backofen auf 200 °C Umluft vorheizen.**
2. Alle Zutaten für die Hackbällchen miteinander vermischen (TM: 1 Min. | Knetstufe).
3. Kartoffeln schälen und in Spalten schneiden. Mit Olivenöl und Pommesgewürz würzen.
4. Rosmarinnadeln klein hacken und die Hälfte zu den Kartoffeln geben.
5. Großen Ofenzauberer einfetten und Kartoffelspalten darauf verteilen.
6. Das Blech in den Backofen geben und **ca. 30 Min.** vorbacken.
7. Aus der Hackfleischmasse große Bällchen formen und nach der ersten Backzeit zu den Kartoffeln geben. Großen Ofenzauberer zurück in den Backofen geben und weitere **25 Min.** backen.
8. Kartoffeln mit dem restlichen Rosmarin bestreuen und servieren.

Würze deine Hackbällchen gerne nach deinem eigenen Geschmack.
Dazu schmeckt ein Kräuterquark.

# Gyros-Spätzle-Blech

GROSSER OFENZAUBERER

50 Min.

## ZUTATEN

2 Paprika

500–700 g Spätzle (Kühlregal)

800 g Gyrosfleisch, fertig gewürzt

1 Becher Schmand (200 g)

2 EL Röstzwiebeln

optional: 100 g Käse nach Wahl

Pfeffer

Salz

## ZUBEREITUNG

1. **Backofen auf 220 °C Ober-/Unterhitze vorheizen.**
2. Paprika in Stücke schneiden.
3. Spätzle, Gyrosfleisch und Paprika in einer Schüssel vermischen und auf dem großen Ofenzauberer verteilen.
4. Schmand mit Röstzwiebeln verrühren und klecksartig auf dem Fleisch verteilen.
5. Optional mit Käse bestreuen.
6. Großen Ofenzauberer in den Backofen geben und für **35 bis 40 Min.** backen.
7. Ggf. mit etwas Pfeffer und Salz würzen.

Für die fettarme Variante Schnitzelfleisch natur verwenden und mit Gyrosgewürz würzen.

# *Hähnchen vom Blech*

GROSSER OFENZAUBERER

60 Min.

## ZUTATEN

3 TL Brathähnchengewürz
5 EL Olivenöl
1 kg Hähnchenteile mit Haut
2 Paprika
optional: 1–2 rote Zwiebeln
800 g Kartoffeln
2 TL Pommesgewürz
150 g Cherrytomaten

## ZUBEREITUNG

1. **Backofen auf 200 °C Umluft vorheizen.**
2. Brathähnchengewürz mit Olivenöl vermischen und Hähnchenteile damit würzen.
3. Paprika in Stücke schneiden, ggf. Zwiebeln in Spalten schneiden.
4. Hähnchen auf dem großen Ofenzauberer verteilen.
5. Kartoffeln waschen und in dicke Scheiben schneiden. Mit Pommesgewürz würzen und zusammen mit den Zwiebeln rund um das Hähnchen verteilen.
6. Blech in den Backofen geben und **30 Min.** garen.
7. Nach der ersten Backzeit Paprika und Tomaten hinzugeben und für weitere **20 Min.** in den Backofen geben.

Mariniere das Hähnchen am Vortag, so kann es besser durchziehen.
Zum Hähnchenblech schmeckt Zaziki.

# Mediterranes Zitronenhähnchen

GROSSER OFENZAUBERER

50 Min.

## ZUTATEN

4 Knoblauchzehen
2 unbehandelte Zitronen
6–8 EL Olivenöl
1 gestr. TL Salz
1 gestr. TL Pfeffer
Kräuter der Provence
250–300 g kleine Kartoffeln (Drillinge)
2 rote Paprikaschoten
2 Zwiebeln
4 Hähnchenbrustfilets
optional: 1 kleine Zucchini
Petersilie zum Bestreuen

## ZUBEREITUNG

1. **Backofen auf 220 °C Ober-/Unterhitze vorheizen.**
2. Knoblauch pressen. Von den Zitronen 1 EL Schale abreiben, Zitronen auspressen. Aus Zitronenschale, Zitronensaft, Knoblauch, Olivenöl, Salz, Pfeffer und Kräutern der Provence ein Dressing herstellen.
3. Kartoffeln waschen und vierteln. Paprika und Zwiebeln in Streifen schneiden.
4. Die Hähnchenfilets mit einem Teil der Marinade bestreichen und auf den großen Ofenzauberer legen.
5. Paprika, Kartoffeln und Zwiebeln mit der restlichen Marinade vermischen und um das Hähnchen verteilen.
6. Im Backofen **40 Min.** schmoren lassen. Vor dem Servieren mit der frischen Petersilie bestreuen und ggf. mit Salz und Pfeffer nachwürzen.

Auch sehr lecker mit einer kleinen Zucchini als zusätzlichem Gemüse.

# Kassler mit Rösti

GROSSER OFENZAUBERER

50 Min.

## ZUTATEN

500 g Champignons
1 EL Öl
1 Becher Schmand (200 g)
Salz
Pfeffer
1 TL Paprikapulver
1 EL Sojasoße
4 Scheiben Kassler
1 Tüte TK-Rösti-Ecken (750 g)
80 g Emmentaler, Gouda etc.

## ZUBEREITUNG

1. **Backofen auf 220 °C Ober-/Unterhitze vorheizen.**
2. Champignons putzen und in Scheiben schneiden.
3. Öl in einer Pfanne erhitzen. Champignons anbraten und kurz schmoren lassen. Schmand zugeben und mit Salz, Pfeffer, Paprikapulver und Sojasoße würzen. Pfanne vom Herd nehmen.
4. Großen Ofenzauberer einfetten.
5. Kasslerfleisch und TK-Rösti auf dem Blech verteilen.
6. Champignons mit Soße über das Fleisch geben.
7. Den großen Ofenzauberer in den Backofen geben und **ca. 35 bis 40 Min.** garen.
8. **10 Min.** vor Ende der Garzeit den Käse über die Champignons verteilen und schmelzen lassen.

Ersetze das Kassler durch Hähnchen oder Schweinefilet.

# Jäger-Kassler-Blech

GROSSER OFENZAUBERER

1 Std.
10 Min.

## ZUTATEN

2 Stangen Lauch
600 g braune Champignons
1 Zwiebel
1 EL Öl
350 ml Cremefine 15 % oder Sahne
2 TL Gemüsebrühpulver
Salz
Pfeffer
2 TL Speisestärke
1 kg Kassler
150 g Gouda
1 TL Oregano, frisch

## ZUBEREITUNG

1. **Backofen auf 200 °C Ober-/Unterhitze vorheizen.**
2. Lauch waschen und in Ringe schneiden. Champignons putzen und vierteln. Zwiebel in Stücke schneiden.
3. Öl in einer Pfanne erhitzen. Champignons und Zwiebeln anbraten und etwas schmoren lassen. Lauch dazugeben und **8 Min.** köcheln lassen. Sahne oder Cremefine zugeben und mit Gemüsebrühpulver, Salz und Pfeffer würzen. Speisestärke glatt rühren und Soße damit binden.
4. Großen Ofenzauberer einfetten.
5. Kasslerfleisch in mundgerechte Stücke schneiden und auf dem Blech verteilen. Gemüse mit Soße über das Fleisch geben.
6. Käse reiben und darüber verteilen.
7. Den großen Ofenzauberer in den Backofen geben und **ca. 45 Min.** garen.
8. Nach der Garzeit mit frisch gehacktem Oregano bestreuen und servieren.

Dazu passen Reis, Kartoffeln oder Kartoffelbrei.

# Zwiebel-Hack-Schnitzel

GROSSER OFENZAUBERER

60 Min.

## ZUTATEN

500 g Champignons
2 Gemüsezwiebeln
4 Schnitzel (Schwein oder Hähnchen)
Salz
Pfeffer
1 TL Paprikapulver
500 g Mett
2 EL Öl
1 Becher Schlagsahne (250 g)
3 EL Ajvar
3 TL Speisestärke
100 g Käse nach Wahl

## ZUBEREITUNG

1. **Backofen auf 200 °C Umluft vorheizen.**
2. Champignons in Scheiben schneiden und Zwiebeln würfeln.
3. Schnitzel halbieren und mit Salz, Pfeffer und Paprikapulver würzen.
4. Aus dem Mett flache Frikadellen formen.
5. Öl in einer großen Pfanne erhitzen. Schnitzel und Frikadellen scharf anbraten.
6. Großen Ofenzauberer einfetten und Fleisch darauf verteilen.
7. In der noch heißen Pfanne Champignons und Zwiebeln anbraten und **10 Min.** schmoren lassen.
8. Schlagsahne, Ajvar, Salz, Pfeffer und Paprikapulver zugeben und etwas einkochen lassen.
9. Speisestärke mit etwas kaltem Wasser glatt rühren und Soße damit binden.
10. Soße über das Fleisch geben.
11. Im Backofen **ca. 35 Min.** backen.
12. Käse reiben und **10 Min.** vor Ende der Garzeit über das Gericht geben und zu Ende garen.

Dazu passen Kartoffeln, Kartoffelbrei oder Reis.

# Honig-Senf-Hähnchen

GROSSER OFENZAUBERER

1 Std.
15 Min.

## ZUTATEN

2 Knoblauchzehen

3 EL Senf

2 EL Olivenöl

3 EL Honig

Salz

Pfeffer

600–800 g Hähnchenbrustfilet

1 kg kleine Kartoffeln (Drillinge)

4 Zweige frischer Thymian

## ZUBEREITUNG

1. **Backofen auf 220 °C Ober-/Unterhitze vorheizen.**
2. Knoblauch pressen. Senf, Knoblauch, Öl, Honig, Salz und Pfeffer miteinander verrühren und mit der Marinade das Hähnchenfilet **ca. 30 Min.** marinieren.
3. Kartoffeln vierteln und salzen.
4. Großen Ofenzauberer einfetten. Marinierte Hähnchenfilets darauf verteilen.
5. Die Kartoffeln dazugeben.
6. Thymian zupfen und darüberstreuen.
7. Den großen Ofenzauberer in den Backofen geben und **45 bis 50 Min.** backen.

Dazu schmeckt ein Gurkensalat.

# Griechisches Hähnchen

GROSSER OFENZAUBERER

60 Min.

## ZUTATEN

**Marinade**
3 Knoblauchzehen
Salz
Pfeffer
1 TL Paprikapulver
1 TL Thymian
4 EL Olivenöl

600–800 g Hähnchenbrust oder Oberkeule
800 g kleine Kartoffeln (Drillinge)
2 Paprika
1 Zucchini
optional: 2 rote Zwiebeln
½ TL Salz
2 TL italienische Kräuter
200 g Fetakäse

## ZUBEREITUNG

1. **Backofen auf 220 °C Ober-/Unterhitze vorheizen.**
2. **Marinade:** Knoblauch pressen und alle Zutaten miteinander verrühren. Hähnchenfleisch mit der Marinade würzen.
3. Kartoffeln halbieren und salzen. Paprika, Zucchini und Zwiebeln in mundgerechte Stücke schneiden und mit Salz und Kräutern würzen.
4. Großen Ofenzauberer einfetten.
5. Mariniertes Hähnchen, Kartoffeln und ggf. Zwiebeln auf der Form verteilen.
6. In den Backofen geben und **25 Min.** garen.
7. Nach der ersten Garzeit Paprika und Zucchini hinzugeben.
8. Den großen Ofenzauberer zurück in den Backofen geben und weitere **20 Min.** garen.
9. Fetakäse mit den Händen zerbröseln und zum Servieren über das Hähnchen geben.

Dazu schmeckt Zaziki.

# Balkan-Blech

GROSSER OFENZAUBERER

1 Std. 20 Min.

## ZUTATEN

**Gewürzmischung**

½ TL Salz

½ TL Pfeffer

1 TL Paprikapulver, rosenscharf

1 TL Knoblauchgranulat

1 TL Rosmarin

1 TL Thymian

1 kg kleine Kartoffeln (Drillinge)

1 kleiner Butternusskürbis

4 Spitzpaprika

600 g Hähnchenfilet

4–5 TL Gewürzmischung

optional: frische Petersilie

## ZUBEREITUNG

1. Die Kartoffeln in einem Topf in Salzwasser fast gar kochen.
2. **Backofen auf 220 °C Ober-/Unterhitze vorheizen.**
3. Die Zutaten für die Gewürzmischung vermischen.
4. Großen Ofenzauberer einfetten, die Kartoffeln darauf verteilen und platt drücken. Mit der Gewürzmischung würzen.
5. Kürbis schälen und entkernen. Spitzpaprika und Kürbis in mundgerechte Stücke schneiden.
6. Hähnchenfilet dritteln. Gemüse und Hähnchenfilet mit der Gewürzmischung würzen und auf den Kartoffeln verteilen.
7. Das Balkan-Blech für **40 bis 45 Min.** in den Backofen geben.
8. In der Zwischenzeit einen Kräuterquark oder Dip nach Wahl zubereiten und dazuservieren.

Statt der Gewürzmischung kannst du auch ein rotes Grillgewürz oder Ähnliches verwenden.

# Chili-Erdnuss-Hähnchen

GROSSER OFENZAUBERER

50 Min.

## ZUTATEN

**Soße**

2 Limetten

3 Knoblauchzehen

120 g Erdnusscreme

50 ml süße Chilisoße

4 EL Sojasoße

Salz

2 Paprika

400 g Hokkaidokürbis

600 g Hähnchenfilet

optional: frischer Koriander

## ZUBEREITUNG

1. **Backofen auf 220 °C Ober-/Unterhitze vorheizen.**
2. Limetten auspressen. Knoblauchzehen pressen. Alle Zutaten für die Soße in einen Topf geben und unter Rühren erhitzen, bis eine homogene dickliche Soße entstanden ist.
3. Paprika und Kürbis in mundgerechte Stücke schneiden. Hähnchenfleisch in größere Stücke schneiden und zum Gemüse geben. Die Erdnusssoße dazugeben und alles gut vermischen. Gemüse und Fleisch sollten mit der Soße ummantelt sein.
4. Großen Ofenzauberer einfetten.
5. Gemüse und Hähnchen auf dem Blech verteilen.
6. In den Backofen geben und für **ca. 35 Min.** garen.

Dazu schmeckt Basmatireis.

# Puten-Bauern-Blech

GROSSER OFENZAUBERER

1 Std.
10 Min.

## ZUTATEN

800 g Kartoffeln
250 g Champignons
500 g Möhren
2 Zwiebeln
3 EL Öl
Salz
Pfeffer
1 TL geräuchertes Paprikapulver

800 g Putenfilet
2 TL Brathähnchengewürz

optional: frische Petersilie

## ZUBEREITUNG

1. **Backofen auf 220 °C Ober-/Unterhitze vorheizen.**
2. Kartoffeln schälen und in Stücke schneiden. Champignons halbieren und Möhren in Scheiben schneiden. Zwiebeln in halbe Ringe schneiden.
3. Großen Ofenzauberer einfetten.
4. Kartoffeln, Champignons, Möhren und Zwiebeln in eine Schüssel geben und mit Öl, Salz, Pfeffer und Paprikapulver würzen. Gemüse und Kartoffeln auf dem großen Ofenzauberer verteilen.
5. Im Backofen für **ca. 35 Min.** garen.
6. In der Zwischenzeit das Putenfleisch in mundgerechte Stücke schneiden und mit dem Brathähnchengewürz und etwas Öl würzen.
7. Nach der ersten Backzeit das Fleisch auf dem Blech verteilen und weitere **20 Min.** garen.
8. Vor dem Servieren optional mit Petersilie bestreuen und mit einem Dip genießen.

Sour Cream oder Kräuterquark schmeckt zu diesem Gericht sehr lecker.

# Ofenreisfleisch

GROSSER OFENZAUBERER

1 Std. 30 Min.

## ZUTATEN

250 g Langkornreis
2 Knoblauchzehen
750 g Wasser
2 EL Tomatenmark
2 EL Ajvar
1 TL Salz
½ TL Pfeffer
2 TL Paprikapulver
1 EL Gemüsebrühpulver
1 Gemüsezwiebel
3 Paprika (rot, grün, gelb)
700 g Nackensteaks
½ TL Salz
½ TL Pfeffer
frische Petersilie

## ZUBEREITUNG

1. **Backofen auf 220 °C Ober-/Unterhitze vorheizen.**
2. Den Reis unter fließendem Wasser gut waschen, abtropfen lassen und auf dem großen Ofenzauberer verteilen.
3. Knoblauch pressen.
4. In einem Topf Wasser, Knoblauch, Tomatenmark, Ajvar, Salz, Pfeffer, 1 TL Paprikapulver und Gemüsebrühpulver zum Kochen bringen (TM: 12 Min. | 100 °C | Stufe 2). Das Gewürzwasser zum Reis auf das Blech geben.
5. Zwiebel und Paprika in Streifen schneiden und auf dem Wasser-Reis verteilen.
6. Das Nackensteak in mundgerechte Streifen schneiden und mit Salz, Pfeffer und 1 TL Paprikapulver würzen. Fleisch auf dem Gemüse verteilen.
7. Im Backofen **50 Min.** schmoren. Nach der Garzeit den Backofen ausstellen und den Reis noch **10 bis 15 Min.** im Ofen ruhen lassen.
8. Frische gehackte Petersilie über das Reisfleisch streuen und servieren.

Zum Ofenreisfleisch schmeckt sehr gut Zaziki oder Sour Cream.

# *Hackfleisch Börek*

GROSSER OFENZAUBERER

1 Std. 20 Min.

## ZUTATEN

1 Zwiebel
1 Knoblauchzehe
1 EL Öl
800 g Rinderhackfleisch
je ½ TL Salz und Pfeffer
1 TL Gemüsebrühpulver
1–2 TL Kreuzkümmel
optional: 200 g Fetakäse

1 Pck. Filo- /Yufkateig (Kühlregal)
100 g Milch
50 g Olivenöl
350 g Joghurt
3 Eier
2 EL Sesam

## ZUBEREITUNG

1. Zwiebel schälen und in kleine Würfel schneiden. Knoblauch pressen.
2. Öl in einer Pfanne erhitzen und die Zwiebeln mit dem Knoblauch andünsten. Hackfleisch dazugeben und krümelig braten. Mit Salz, Pfeffer, Gemüsebrühpulver und Kreuzkümmel würzen. Etwas abkühlen lassen. Optional: Den Fetakäse zerbröseln (TM: 6 Sek. | Stufe 4) und unter die Hackfleischmasse geben.
3. **Backofen auf 200 °C Ober-/Unterhitze vorheizen.**
4. Die Filoteigblätter aus der Verpackung nehmen.
5. Milch, Olivenöl, Joghurt und Eier gut vermischen (TM: 30 Sek. | Stufe 4).
6. Den großen Ofenzauberer großzügig einfetten und mit zwei Filoteigblätter belegen. Der Teig muss nicht glatt sein, er kann auch in Wellen liegen.
7. Ein Viertel der Hackfüllung auf dem Teig verteilen. Zum Hackfleisch etwas weniger als ein Viertel der Joghurt-Ei-Masse klecksartig darübergeben. Zwei Filoteigblätter über die Füllung legen und erneut Hackfleisch und Joghurt-Ei-Masse darauf verteilen. So weiter verfahren, bis alles aufgebraucht ist. Den Abschluss bilden zwei Filoteigblätter, die mit dem Rest Joghurt-Ei-Gemisch bestrichen werden.
8. Sesamsaaten drüberstreuen.
9. Hackfleisch Börek im Backofen **ca. 45 bis 50 Min.** backen.

Schmeckt am nächsten Tag auch noch sehr lecker.

# Chili-Cheese-Fries

GROSSER OFENZAUBERER

60 Min.

## ZUTATEN

- 2 kg Kartoffeln
- 2 TL Pommesgewürz
- 1 Dose Kidneybohnen (410 g)
- 2 Knoblauchzehen
- 4 Lauchzwiebeln
- 200 g Cheddarkäse
- 1 EL Öl
- 400 g Rinderhackfleisch
- 1 Tüte Tacogewürz (25 g)
- 1 EL Tomatenmark
- 3 EL BBQ-Soße

## ZUBEREITUNG

1. **Backofen auf 220 °C Umluft vorheizen.**
2. Großen Ofenzauberer einfetten.
3. Die Kartoffeln gut abwaschen, abbürsten und zu Pommes schneiden. Kartoffeln mit Pommesgewürz würzen und gleichmäßig auf dem großen Ofenzauberer verteilen.
4. Blech in den Ofen geben und **40 Min.** im Ofen vorbacken. Aufgrund der großen Menge solltest du die Pommes alle **10 Min.** wenden.
5. Kidneybohnen abspülen, Knoblauch pressen, Lauchzwiebeln in Ringe schneiden und Käse reiben.
6. Öl in einer Pfanne erhitzen. Das Hackfleisch darin krümelig braten. Tacogewürz, Knoblauch, Tomatenmark und BBQ-Soße zugeben. Die Kidneybohnen und die Hälfte der Lauchzwiebeln unterheben.
7. Pommes aus dem Backofen holen. Das Hackfleisch darauf verteilen und mit dem Cheddarkäse bestreuen.
8. Für weitere **10 Min.** in den Backofen geben und Käse schmelzen lassen.
9. Vor dem Servieren mit den restlichen Lauchzwiebeln bestreuen.

Du kannst für dieses Rezept auch TK-Pommes verwenden.

# Tex-Mex-Blech

GROSSER OFENZAUBERER

1 Std. 15 Min.

## ZUTATEN

- 1 kg kleine Kartoffeln (Drillinge)
- 1 Zwiebel
- 1 Knoblauchzehe
- 2 EL Öl
- 500 g Rinderhackfleisch
- 1–2 TL Hackfleischgewürz
- 2 EL Tomatenmark
- 1 Dose stückige Tomaten (400 g)
- 1 Dose Texasbohnen (400 g)
- Salz
- Pfeffer
- 1 TL Paprikapulver
- 1 Becher Crème fraîche (200 g)
- 100 g Cheddarkäse, gerieben
- optional: Petersilie
- Jalapeño-Scheiben aus dem Glas

## ZUBEREITUNG

1. **Backofen auf 220 °C Ober-/Unterhitze vorheizen.**
2. Kartoffeln waschen und halbieren.
3. Großen Ofenzauberer einfetten.
4. Die Kartoffeln auf dem großen Ofenzauberer verteilen. In den Backofen geben und **35 Min.** vorbacken.
5. Zwiebel klein schneiden und Knoblauch pressen. Öl in einer Pfanne erhitzen. Das Hackfleisch mit dem Hackfleischgewürz, Zwiebeln und Knoblauch krümelig braten. Tomatenmark zugeben und anrösten. Stückige Tomaten und Texasbohnen zugeben und mit Salz, Pfeffer und Paprikapulver abschmecken. **10 Min.** köcheln lassen.
6. Großen Ofenzauberer aus dem Backofen nehmen und die Hackmasse über den Kartoffeln verteilen.
7. Crème fraîche mit etwas geriebenem Käse vermischen und klecksartig auf dem Hackfleisch verteilen. Den Rest Cheddarkäse gleichmäßig auf dem Tex-Mex-Blech verteilen. Im Backofen **ca. 20 Min.** überbacken.
8. Petersilie hacken. Vor dem Servieren mit Petersilie und Jalapeños bestreuen.

# *Hähnchen-Tortillas*

GROSSER OFENZAUBERER

40 Min.

## ZUTATEN

- 500 g Hähnchenbrustfilet
- 2 TL Hähnchengewürz
- 1 Zwiebel
- 2 Knoblauchzehen
- optional: 1 Chilischote
- 200 g Kidneybohnen (400 g)
- 200 g Mais (400 g)
- 2 EL Olivenöl
- 3 EL Tomatenmark
- 1 Dose stückige Tomaten (400 g)
- Salz
- Pfeffer
- 2 Prisen Cayennepfeffer
- 1 TL Paprikapulver
- 100 g Cheddarkäse
- 8 Tortillafladen
- optional: Sour Cream

## ZUBEREITUNG

1. Hähnchenfilet in mundgerechte Stücke schneiden und mit dem Hähnchengewürz würzen.
2. Zwiebel würfeln, Knoblauch pressen und Chilischote fein hacken. Kidneybohnen und Mais waschen und abtropfen lassen.
3. Öl in einer Pfanne erhitzen. Zwiebeln, Knoblauch und Hähnchenfilet in der Pfanne **ca. 8 Min.** anbraten. Tomatenmark, stückige Tomaten, Mais, Chili und Kidneybohnen hinzufügen und kurz köcheln lassen. Mit Salz, Pfeffer, Cayennepfeffer und Paprikapulver würzen. Etwas abkühlen lassen.
4. Käse reiben. Die Hälfte des Käses zur Hähnchen-Bohnen-Masse geben und unterheben.
5. **Backofen auf 200 °C Ober-/Unterhitze vorheizen.**
6. Großen Ofenzauberer gut einfetten. 2–3 EL der Füllung auf eine Tortilla geben, einrollen und auf den großen Ofenzauberer legen. Mit den restlichen Tortillas ebenso verfahren, bis die gesamte Füllung aufgebraucht ist. Mit dem restlichen Käse bestreuen.
7. Fladen für **20 Min.** im Backofen backen.
8. Überbackene Tortillas nach Belieben mit Sour Cream servieren.

Ersetze das Hähnchen durch Hackfleisch.

# Chicken-Fingers

GROSSER OFENZAUBERER

35 Min.

## ZUTATEN

800 g Hähncheninnenfilet

2 TL Brathähnchengewürz

3 Eier, verquirlt

1 Tüte würzige Chips, 175 g (z. B. Peperoni, Indian, Sweet & Chili ...)

## ZUBEREITUNG

1. **Backofen auf 230 °C Umluft vorheizen.**
2. Hähnchenfilet mit dem Brathähnchengewürz würzen. Eier aufschlagen.
3. Chips in der Tüte mit einem Teigroller oder Nudelholz zerkleinern (TM: 8 Sek. | Stufe 5).
4. Die Chips und das Ei in je einen tiefen Teller geben und die Hähnchenfilets zuerst in Ei wenden und dann mit den Chipsbröseln panieren.
5. Den großen Ofenzauberer gut einfetten und die panierten Filets auf die Stoneware legen.
6. In den Backofen geben und **ca. 20 bis 25 Min.** knusprig backen.

Serviere dazu eine Salsa- oder BBQ-Soße.

# Spätzle-Omelette

GROSSER OFENZAUBERER

30 Min.

## ZUTATEN

150 g Kassler- oder Putenaufschnitt

400 g frische Spätzle (Kühlregal)

150 g TK-Erbsen

10 Eier

100 g Milch

Salz

Pfeffer

3 Prisen Muskat

Röstzwiebeln zum Bestreuen

## ZUBEREITUNG

1. **Backofen auf 220 °C Ober-/Unterhitze vorheizen.**
2. Kassler- oder Putenfleisch in Streifen schneiden.
3. Großen Ofenzauberer einfetten.
4. Spätzle, Kassler oder Putenaufschnitt und TK-Erbsen auf dem Blech verteilen.
5. Die Eier mit der Milch verquirlen und mit Salz, Pfeffer und Muskat würzen (TM: 30 Sek. | Stufe 4).
6. Die Ei-Masse über die Spätzle geben.
7. Im Backofen **ca. 20 Min.** backen.
8. Mit den Röstzwiebeln bestreuen und servieren.

# *Eier mit Speck*

GROSSER OFENZAUBERER PLUS

30 Min.

## ZUTATEN

6–10 Scheiben Bacon

10 Eier

Salz

Pfeffer

## ZUBEREITUNG

1. **Backofen auf 200 °C Umluft vorheizen.**
2. Den großen Ofenzauberer plus einfetten.
3. Die Speckstreifen dicht an dicht in die Form legen. Form in den Backofen geben und **ca. 20 Min.** knusprig backen.
4. Den Speck aus der Form nehmen und auf Küchenpapier abtropfen lassen.
5. Falls erforderlich, den großen Ofenzauberer erneut etwas einfetten.
6. Die Eier in die heiße Form gleiten lassen und mit Salz und Pfeffer würzen.
7. Blech zurück in den Backofen geben und **ca. 6 bis 8 Min.** backen.
8. Eier zusammen mit dem Speck servieren.

Achtung! Dieses Rezept ist nur für den **großen Ofenzauberer plus** geeignet. Du erkennst ihn am Wellenmuster auf der Unterseite.

# Schlemmerplatte

GROSSER OFENZAUBERER

1 Std. 20 Min.

## ZUTATEN

600 g Kartoffeln, festkochend
1 kleiner Blumenkohl
1 Becher Crème fraîche (200 g)
50 g Milch
300 g Kräuterfrischkäse
100 g Sahne
Salz
Pfeffer
3 Prisen Muskatnuss
1 TL Gemüsebrühpulver
1 Mozzarella (200 g)
600 g frischer Lachs
Saft einer ½ Zitrone
optional: frische Petersilie

## ZUBEREITUNG

1. **Backofen auf 200 °C Ober-/Unterhitze vorheizen.**
2. Kartoffeln schälen und in 2 mm dicke Scheiben schneiden oder hobeln. Blumenkohl in Röschen teilen.
3. Großen Ofenzauberer einfetten und die Kartoffeln fächerartig auf dem Blech verteilen. Blumenkohl dazugeben.
4. **Für die Soße:** Crème fraîche, Milch, Frischkäse, Sahne und Gewürze gut verrühren (TM: 20 Sek. | Stufe 4).
5. Die Soße gleichmäßig auf den Kartoffeln und dem Blumenkohl verteilen.
6. Im Backofen **45 Min.** garen.
7. Den Mozzarella reiben oder in dünne Scheiben schneiden.
8. Lachs mit Salz, Pfeffer und Zitronensaft würzen.
9. Nach der ersten Backzeit den Mozzarella auf den Kartoffeln verteilen und den Lachs direkt auf die Kartoffeln setzen.
10. Das Blech wieder in den Backofen geben und weitere **20 Min.** backen.
11. Vor dem Servieren mit frischer Petersilie bestreuen.

Verwende gerne auch andere Fischsorten.

# Ofenlachs mit Bulgur

GROSSER OFENZAUBERER

50 Min.

## ZUTATEN

- 400 g Cherrytomaten
- 2 Zucchini
- 2 Zitronen
- 600 g Lachsfilet, frisch
- Salz
- Pfeffer
- 800 g Gemüsebrühe
- 2 TL Kräuter der Provence
- 300 g Bulgur

**Joghurtdip**

- 400 g Joghurt, natur
- 3 TL TK-Kräuter
- 2 Spritzer Zitronensaft
- 1 TL Zucker
- Salz, Pfeffer nach Bedarf

## ZUBEREITUNG

1. **Backofen auf 200 °C Ober-/Unterhitze vorheizen.**
2. Tomaten halbieren. Zucchini vierteln und in Stücke schneiden.
3. Eine Zitrone auspressen, die andere in Scheiben schneiden.
4. Lachs mit Salz, Pfeffer und etwas Zitronensaft würzen.
5. Gemüsebrühe mit den Kräutern der Provence vermischen.
6. Bulgur auf den großen Ofenzauberer geben und mit der Gemüsebrühe übergießen.
7. Klein geschnittene Tomaten und Zucchini darauf verteilen und für **20 Min.** im Backofen garen.
8. Nach der ersten Backzeit die Zitronenscheiben auf das Gemüse legen und den Lachs darauflegen. Erneut in den Backofen geben und **ca. 20 Min.** backen.
9. **Dip:** Den Joghurt mit allen Zutaten gut verrühren.
10. Den Ofenlachs mit dem Bulgurgemüse und dem Joghurtdip servieren.

# Gnocchi aus dem Backofen

GROSSER OFENZAUBERER

40 Min.

## ZUTATEN

3 Paprika (rot, gelb, grün)
500 g Cherrytomaten
1 rote Zwiebel
2 Knoblauchzehen
2 Zweige Rosmarin
5 Zweige Thymian

500–600 g Gnocchi (Kühlregal)
3 EL Olivenöl
3 EL Balsamicoessig, dunkel
Salz und Pfeffer
80 g Parmesankäse

## ZUBEREITUNG

1. **Backofen auf 220 °C Ober-/Unterhitze vorheizen.**
2. Paprika in mundgerechte Stücke schneiden. Cherrytomaten halbieren. Zwiebel halbieren und in Scheiben schneiden, Knoblauch fein hacken oder pressen. Rosmarinnadeln und Thymianblätter von den Stielen zupfen.
3. Großen Ofenzauberer einfetten und Gnocchi darauf verteilen.
4. Paprika, Tomaten und Zwiebeln in eine Schüssel geben und mit Knoblauch, Kräutern, Olivenöl, Balsamicoessig, Salz und Pfeffer würzen. Gemüse zu den Gnocchi auf das Blech geben.
5. Im Backofen **20 Min.** backen, dann ganz leicht durchmischen und erneut **10 Min.** fertig backen.
6. Vor dem Servieren mit frisch geriebenem Parmesan bestreuen und genießen!

# Ravioli vom Blech

GROSSER OFENZAUBERER

40 Min.

## ZUTATEN

3 Paprika (rot, gelb, grün)
500 g Cherrytomaten
1 rote Zwiebel
2 Knoblauchzehen
2 Zweige Rosmarin
90 g Rucola

500 g Ravioli (Kühlregal)
3 EL Olivenöl
3 TL Bruschettagewürz
2 EL Balsamicoessig, dunkel
Salz und Pfeffer
3 EL Wasser
80 g Parmesankäse

## ZUBEREITUNG

1. **Backofen auf 220 °C Ober-/Unterhitze vorheizen.**
2. Paprika in mundgerechte Stücke schneiden und Cherrytomaten halbieren. Zwiebel halbieren und in Scheiben schneiden, Knoblauch pressen. Rosmarin zupfen, Rucola waschen und trocknen.
3. Die frischen Ravioli mit kochendem Wasser übergießen und **3 Min.** ziehen lassen. Pasta abgießen und auf dem großen Ofenzauberer verteilen.
4. **Gewürzmarinade:** Olivenöl, Knoblauch, Bruschettagewürz, Balsamicoessig, Salz, Pfeffer und 3 EL Wasser vermischen. Paprika, Tomaten, Zwiebeln in einer Schüssel mit der Marinade vermischen. Kräuter hinzufügen. Das gewürzte Gemüse zu den Ravioli geben.
5. Im Backofen **20 Min.** backen, danach leicht durchmischen und erneut **10 Min.** fertig backen.
6. Parmesan reiben.
7. Nach der Garzeit mit geriebenem Parmesan und Rucola bestreuen und servieren.

Auch sehr lecker mit einer kleinen Zucchini als zusätzlichem Gemüse.

# Mexikanische Süßkartoffeln

GROSSER OFENZAUBERER

60 Min.

## ZUTATEN

**Avocadocreme**
2 Avocados
1 Knoblauchzehe
Saft einer ½ Limette
250 g Frischkäse, natur
Salz
Pfeffer

4–5 Süßkartoffeln
2 EL Öl
Salz, Pfeffer und Paprikapulver
2 rote Paprika
optional: 1 Chilischote
1 Zwiebel
400 g Mais
400 g schwarze Bohnen
400 g Kidneybohnen
6 EL Salsa-Soße
150 g Cheddarkäse

## ZUBEREITUNG

1. **Backofen auf 220 °C Ober-/Unterhitze vorheizen.**
2. Avocadofleisch aus der Schale lösen und mit einer Gabel zu einem Mus zerdrücken. Knoblauchzehen pressen. Knoblauch, Limettensaft, Frischkäse, Salz und Pfeffer mit dem Avocadomus verrühren (TM: 30 Sek. | Stufe 3,5).
3. Süßkartoffeln schälen und in ca. 2 bis 3 cm dicke Scheiben schneiden.
4. Großen Ofenzauberer einfetten. Süßkartoffelscheiben in die Form legen, mit etwas Öl bepinseln und mit Salz, Pfeffer und Paprikapulver würzen.
5. Die Süßkartoffeln in den Backofen geben und **ca. 25 Min.** im Backofen vorgaren.
6. Paprika, Chilischote und Zwiebel klein schneiden. Mais, Schwarz- und Kidneybohnen abspülen und abtropfen lassen.
7. Öl in einer Pfanne erhitzen. Zwiebeln, Paprika und Chilischote anbraten. Mais, Bohnen und die Salsa-Soße hinzufügen und kurz vermischen.
8. Cheddarkäse reiben.
9. Paprika-Bohnen-Mix auf den Süßkartoffeln verteilen und Käse darüberstreuen. Für **ca. 20 weitere Min.** in den Backofen geben.
10. Mit der Avocadocreme servieren.

Mein absolutes Lieblingsrezept!

# Parmesankartoffeln

GROSSER OFENZAUBERER

60 Min.

## ZUTATEN

3 Knoblauchzehen

80 g Parmesan

1 EL Rosmarin, getrocknet

1 EL Thymian, getrocknet

½ TL Salz

2 EL Rapsöl

1 kg kleine Kartoffeln (Drillinge)

3–4 EL Olivenöl

## ZUBEREITUNG

1. **Backofen auf 200 °C Umluft vorheizen.**
2. Knoblauch pressen. Parmesan fein reiben (TM: 10 Sek. | Stufe 10).
3. Knoblauch, Parmesan, Kräuter und Salz vermischen.
4. Großen Ofenzauberer mit Rapsöl einfetten und zwei Drittel der Parmesanmischung auf dem großen Ofenzauberer verteilen.
5. Die Kartoffeln gut waschen und halbieren. Mit der Schnittfläche nach unten auf die Parmesanmischung legen und andrücken.
6. Kartoffeln mit etwas Olivenöl bepinseln und mit dem restlichen Parmesan bestreuen.
7. In den Backofen geben und **ca. 40 bis 45 Min.** backen.
8. Nach der Garzeit aus dem Backofen nehmen und noch **ca. 5 Min.** ruhen lassen.
9. Mit einem kleinen Servierheber die Kartoffeln von der Stoneware lösen und servieren.

# Antipasti-Gemüse

GROSSER OFENZAUBERER

50 Min.

## ZUTATEN

2 kleine Zucchini
1 Aubergine
3 Paprika
2 rote Zwiebeln
250 g Champignons
Salz
Pfeffer
1 EL Rapsöl
5 Knoblauchzehen

**Soße**
25 g Basilikum, frisch
70 g Balsamicoessig, dunkel
40 g Olivenöl
optional: etwas Salz und Pfeffer,
Wasser

## ZUBEREITUNG

1. **Backofen auf 200 °C Umluft vorheizen.**
2. Das Gemüse in grobe Stücke schneiden und mit Salz und Pfeffer würzen.
3. Großen Ofenzauberer mit Rapsöl einfetten.
4. Das Gemüse auf dem Blech verteilen. Die Knoblauchzehen schälen und in eine Ecke des Ofenzauberers legen.
5. Für **35 bis 40 Min.** in den Backofen geben. Das Gemüse während der Backzeit zweimal wenden.
6. Die gebackenen Knoblauchzehen vom Blech nehmen.
7. **Soße**: Gebackene Knoblauchzehen zusammen mit den Zutaten für die Soße pürieren (TM: 30 Sek. | Stufe 8). Ggf. mit Salz und Pfeffer abschmecken. Sollte die Soße etwas zu dick sein, etwas Wasser zugeben und erneut mixen.
8. Das Gemüse zusammen mit der Soße servieren.

Das Antipasti-Gemüse mit Soße schmeckt auch sehr lecker zu Nudeln.

# Grüner Spargel vom Blech

GROSSER OFENZAUBERER

30 Min.

## ZUTATEN

500–750 g grüner Spargel
250 g Cocktailtomaten
100 g Fetakäse
Salz
Pfeffer
3 EL Olivenöl
3 EL Balsamicoessig, hell
1 EL Honig

## ZUBEREITUNG

1. **Backofen auf 200 °C Ober-/Unterhitze vorheizen.**
2. Unterstes Drittel des Spargels ggf. schälen. Cocktailtomaten vierteln. Fetakäse zerbröseln.
3. Den großen Ofenzauberer einfetten und den grünen Spargel darauf verteilen. Spargel mit Salz und Pfeffer würzen. Tomatenwürfel und Fetakäse darübergeben.
4. Blech in den Backofen geben und **ca. 20 Min.** backen.
5. In der Zwischenzeit aus Olivenöl, Balsamicoessig, Honig, Salz und Pfeffer ein Dressing anrühren.
6. Nach der Garzeit das Blech aus dem Ofen holen, Spargel anrichten und mit dem Dressing beträufeln.

# Sahnekürbis

GROSSER OFENZAUBERER

60 Min.

## ZUTATEN

ca. 1,4 kg Hokkaidokürbis
1 kg kleine Kartoffeln (Drillinge)
1 TL Pommesgewürz
120 g Parmesan
6–7 Zweige frischer Thymian
500 g Sahne oder Sahne-Ersatz
Salz
Pfeffer
200 g Cherrytomaten

## ZUBEREITUNG

1. **Backofen auf 220 °C Ober-/Unterhitze vorheizen.**
2. Den Kürbis entkernen und in Spalten schneiden.
3. Den großen Ofenzauberer einfetten und die Kürbisspalten darauf verteilen.
4. Kartoffeln waschen und halbieren. Mit Pommesgewürz würzen und zum Kürbis geben.
5. Parmesan fein reiben (TM: 10 Sek. | Stufe 10).
6. Thymian waschen, Blättchen abzupfen und ggf. fein hacken.
7. Sahne, Hälfte des Parmesans und Thymian verrühren. Mit Salz und Pfeffer kräftig würzen. Parmesansahne über den Kürbis und die Kartoffeln geben.
8. Cherrytomaten halbieren und darauf verteilen. Restlichen Parmesan darüberstreuen.
9. Im Backofen **ca. 50 Min.** goldgelb backen.

# Ofenpfannkuchen

GROSSER OFENZAUBERER

45 Min.

## ZUTATEN

600 g Milch

4 Eier

120 g Zucker

400 g Weizenmehl 405

1 Pck. Backpulver

2 Prisen Salz

3 Äpfel

Puderzucker zum Bestreuen

## ZUBEREITUNG

1. **Backofen auf 200 °C Ober-/Unterhitze vorheizen.**
2. Milch, Eier, Zucker, Weizenmehl, Backpulver und Salz mit einem Handmixer gut verrühren (TM: 1 Min. | Stufe 5).
3. Äpfel schälen und in Scheiben oder Spalten schneiden.
4. Den großen Ofenzauberer sehr großzügig einfetten.
5. Die Pfannkuchenmasse in die Form gießen und Apfelscheiben darauf verteilen.
6. Blech in den Backofen geben und Pfannkuchen **ca. 35 bis 40 Min.** backen.
7. Nach dem Backen in Stücke schneiden und mit Puderzucker bestreut servieren.

Auch sehr lecker mit Blaubeeren.

# Maulwurfkuchen Kirsch-Banane

GROSSER OFENZAUBERER

2 Std. 40 Min.

## ZUTATEN

**Teig**

3 Eier
120 g Zucker
260 g Weizenmehl 405
60 g Kakaopulver
1 Prise Salz
180 g Milch
180 g Rapsöl
1 Pck. Backpulver

**Füllung**

1 Glas Sauerkirschen (680 g)
5 Bananen
4 Becher Sahne (800 g)
4 Pck. Sahnesteif
100 g Puderzucker
2 TL Vanilleextrakt
100 g Schokoraspeln

## ZUBEREITUNG

1. **Backofen auf 190 °C Ober-/Unterhitze vorheizen.**
2. Eier und Zucker schaumig aufschlagen (TM: Schmetterling | 5 Min. | Stufe 3,5). Mehl, Kakao, Salz, Milch, Rapsöl und Backpulver dazugeben und kurz unterrühren (TM: Schmetterling entfernen | 20 Sek. | Stufe 3,5).
3. Großen Ofenzauberer einfetten.
4. Teig hineingeben und glatt streichen. Form in den Backofen geben und den Kuchenboden **30 Min.** backen. Kuchenboden abkühlen lassen.
5. Den Kuchenboden mit einem Löffel ca. 1,5 cm tief aushöhlen. Kuchenreste aufbewahren.
6. Sauerkirschen gut abtropfen lassen, Bananen schälen und halbieren. Bananen und Sauerkirschen auf dem Kuchenboden verteilen.
7. **Füllung:** Sahne mit Sahnesteif, Puderzucker und Vanilleextrakt steif schlagen. Schokoraspeln von Hand unterheben.
8. Sahne über das Obst geben und glatt streichen.
9. Die Kuchenreste zerbröseln, auf der Sahne verteilen und leicht andrücken.
10. Kuchen für **mind. 2 Std.** oder über Nacht kühl stellen.

# Pekannuss-Brownies

GROSSER OFENZAUBERER

35 Min.

## ZUTATEN

- 100 g Butter
- 100 g Zartbitterschokolade
- 200 g Pekannüsse
- 250 g Zucker
- 4 Eier
- 250 g Weizenmehl 405
- 3 EL Kakaopulver
- ¾ TL Backpulver
- 1 Prise Salz
- 2 TL Vanilleextrakt
- optional: Puderzucker zum Bestreuen

## ZUBEREITUNG

1. Butter und Schokolade in einem Topf schmelzen.
2. Die Hälfte der Pekannüsse hacken.
3. **Backofen auf 160 °C Umluft vorheizen.**
4. Zucker und Eier mit einem Handrührgerät oder einer Küchenmaschine **mind. 10 Min.** schaumig schlagen (TM: Schmetterling | 10 Min. | Stufe 4).
5. Die geschmolzene Schokoladenbutter, gehackte Pekannüsse, Mehl, Kakaopulver, Backpulver, Salz und Vanilleextrakt hinzugeben und kurz unterrühren (TM: 15 Sek. | Stufe 4).
6. Den großen Ofenzauberer einfetten.
7. Brownieteig in die Form füllen und mit den restlichen Pekannüssen bestreuen. Teig für **ca. 18 Min.** backen.
8. Nach Ende der Backzeit die Brownies abkühlen lassen und in Stücke schneiden.
9. Nach Belieben mit Puderzucker bestreuen.

# Zwetschgenkuchen mit Haferflocken

GROSSER OFENZAUBERER

1 Std. 30 Min.

## ZUTATEN

2 kg Zwetschgen
350 g Margarine
280 g Zucker
2 Pck. Vanillezucker
600 g Weizenmehl 405
150 g Haferflocken
1 Prise Salz

optional: Schlagsahne

## ZUBEREITUNG

1. Zwetschgen waschen und entsteinen.
2. **Backofen auf 220 °C Ober-/Unterhitze vorheizen.**
3. Margarine in einem Topf schmelzen.
4. Zucker, Vanillezucker, Mehl, Haferflocken und Salz in einer großen Schüssel vermischen. Die flüssige Margarine zugeben und mit den Händen zu Streuseln verarbeiten **(die Menge ist für den Thermomix® zu viel)**.
5. Den großen Ofenzauberer einfetten.
6. Etwas weniger als zwei Drittel der Streusel in die Form geben und mit den Händen andrücken oder mit einem Teigroller durch Rollen die Streusel zu einem Kuchenboden verdichten.
7. Die Zwetschgen dicht an dicht auf dem Boden verteilen. Die restlichen Streusel auf den Zwetschgen verteilen.
8. In den Backofen geben und **ca. 50 bis 60 Min.** backen.
9. Den Kuchen in der Form abkühlen lassen und in Stücke schneiden.

Dazu passt ein cremiger Klecks geschlagene Sahne.

# Käsekuchen vom Blech

GROSSER OFENZAUBERER

60 Min.

## ZUTATEN

**Teig**

130 g weiche Butter, in Stücken
130 g Zucker
1 Prise Salz
2 Eier
300 g Weizenmehl 405
2 TL Backpulver

**Baiser**

4 Eiweiß
80 g Zucker

**Füllung**

1 kg Magerquark
2 TL Vanilleextrakt
150 g Milch
180 g Zucker
2 Eier
4 Eigelb
2 Pck. Vanillepuddingpulver
Saft einer ½ Zitrone
180 g Rapsöl

## ZUBEREITUNG

1. **Backofen auf 200 °C Ober-/Unterhitze vorheizen.**
2. Alle Zutaten für den Teig mit einem Knethaken zu einem Teig verarbeiten (TM: 40 Sek. | Stufe 5).
3. Großen Ofenzauberer gut einfetten und Teig in der Form ausrollen.
4. Alle Zutaten für die Käsefüllung mit einem Handrührgerät gut vermengen (TM: 1 Min. | Stufe 5).
5. Käsemasse auf dem Boden verteilen und glatt streichen.
6. Kuchen in den Backofen geben und **ca. 30 Min.** backen.
7. In der Zwischenzeit das Baiser herstellen.
8. Eiweiß mit einem Handrührgerät steif schlagen. Nach und nach den Zucker einrieseln lassen und Masse glänzend aufschlagen (TM: Schmetterling | 3 Min. | Stufe 4).
9. Kuchen aus dem Backofen nehmen und Baiser auf dem Kuchen verstreichen.
10. Zurück in den Backofen geben und weitere **10 Min.** backen.

Der Kuchen bleibt sehr lange frisch und saftig.

# Kuchen Schwarzwälder Art

GROSSER OFENZAUBERER

2 Std. 40 Min.

## ZUTATEN

### Teig

2 Gläser Sauerkirschen (je 680 g)
100 g Saft der Sauerkirschen
4 Eier
120 g Zucker
150 g Rapsöl
1 Prise Salz
200 g Weizenmehl 405
120 g Mandeln, gemahlen
3 EL Kakao
80 g Schokostreusel
1 Pck. Backpulver

### Sahne

250 g Quark (40 %)
200 g Crème fraîche (200 g)
60 g Puderzucker
1 TL Vanilleextrakt
600 g Schlagsahne
8 TL San-apart

### Topping

100 g Raspelschokolade

## ZUBEREITUNG

1. **Backofen auf 180 °C Ober-/Unterhitze vorheizen.**
2. Kirschen abgießen und 100 ml Saft auffangen.
3. **Teig:** Eier und Zucker mit einem Handrührgerät schaumig aufschlagen (TM: Schmetterling | 5 Min. | Stufe 3). Rapsöl nach und nach zugeben (TM: 1 Min. | Stufe 3 | Schmetterling entfernen). Salz, Mehl, Mandeln, Kakao, Kirschsaft, Schokostreusel und Backpulver zugeben und kurz verrühren (TM: 45 Sek. | Stufe 3).
4. Form gut einfetten. Teig hineingeben, glatt streichen und Sauerkirschen darauf verteilen.
5. Im Backofen **ca. 30 Min.** backen. **Kuchenboden auskühlen lassen.**
6. **Sahne:** Quark, Crème fraîche, Puderzucker und Vanilleextrakt mit einem Handmixer verrühren. Sahne und San-apart zugeben und steif schlagen (Achtung, das geht sehr schnell).
7. Die Sahne auf dem Boden verteilen und glatt streichen. Kuchen **ca. 2 Std.** kalt stellen.
8. Die Raspelschokolade auf der Sahne verteilen und servieren.

# Steppdeckenkuchen

GROSSER OFENZAUBERER

50 Min.

## ZUTATEN

**Teig**

180 g Zucker
1 TL Vanilleextrakt
5 Eier
120 g Milch
100 g Öl
300 g Weizenmehl 405
1 Pck. Backpulver
20 g Kakao
100 g gemahlene Nüsse

**Belag**

500 g Magerquark
3 Eier
1 Pck. Vanillepuddingpulver
120 g Puderzucker

## ZUBEREITUNG

1. **Backofen auf 180 °C Ober-/Unterhitze vorheizen.**
2. **Teig:** Zucker, Vanilleextrakt und Eier hellschaumig aufschlagen (TM: Schmetterling | 8 Min. | Stufe 3,5). Milch und Öl in kleinen Portionen dazugeben (TM: Schmetterling | 2 Min. | Stufe 3,5). Mehl, Backpulver und Kakao in einer Schüssel vermischen und in die Eiermasse sieben. Nur kurz verrühren (TM: Schmetterling | 20 Sek. | Stufe 4). Die gemahlenen Nüsse unterheben (TM: Schmetterling | 15 Sek. | Stufe 4).
3. Großen Ofenzauberer einfetten und Teig auf der Form verteilen.
4. **Belag:** Quark, Eier, Vanillepuddingpulver und Puderzucker mit dem Schneebesen verrühren (TM: 45 Sek. | Stufe 5).
5. Die fast flüssige Quarkmasse in einen Spritzbeutel mit kleiner Tülle geben und ein diagonales Gittermuster auf den Kuchen spritzen. Solltest du noch Teig übrig haben, fahre die Gitter erneut nach. Kuchen in den Backofen geben und **ca. 35 Min.** backen.
6. Kuchen abkühlen lassen und vor dem Servieren mit Puderzucker bestreuen.

# Apfelmuskuchen

GROSSER OFENZAUBERER

60 Min.

## ZUTATEN

5 Eier
200 g Zucker
250 g Mehl
1 Pck. Backpulver
1 Pck. Vanillepuddingpulver
1 Prise Salz
125 g Milch
130 g Butter, sehr weich

3 Äpfel
1 Glas Apfelmus (710 g)
100 g Walnusskerne
Puderzucker

Schlagsahne zum Servieren

## ZUBEREITUNG

1. **Backofen auf 190 °C Ober-/Unterhitze vorheizen.**
2. Eier und Zucker schaumig schlagen (TM: Schmetterling | 5 Min. | Stufe 4). Mehl, Backpulver, Puddingpulver, Salz, Milch und Butter zugeben und gut verrühren (TM: Schmetterling entfernen | 1 Min. | Stufe 5).
3. Die Äpfel mit Schale grob reiben oder raspeln (TM: 8 Sek. | Stufe 4).
4. Den großen Ofenzauberer gut einfetten und den Teig darauf verteilen. Das Apfelmus löffelartig auf den weichen Teig geben und glatt streichen. Die geriebenen Äpfel darauf verteilen.
5. Walnusskerne hacken und auf den Kuchen streuen (TM: 2 Sek. | Stufe 5).
6. Großen Ofenzauberer in den Backofen geben und **ca. 35 bis 40 Min.** backen. Nach der Backzeit aus dem Ofen nehmen und abkühlen lassen.
7. Vor dem Servieren mit Puderzucker bestreuen und mit einem Klecks Sahne servieren.

# Schoko-Kokos-Kuchen

GROSSER OFENZAUBERER

2 Std.
50 Min.

## ZUTATEN

**Teig**

250 g Margarine
250 g Zucker
2 TL Vanillezucker
6 Eier
150 g Weizenmehl 405
50 g Backkakao
1 Pck. Backpulver

**Creme**

3 Becher Sahne (je 250 g)
4 EL Zucker
2 Becher Schmand (je 200 g)
2 Pck. Paradiescreme Vanille

**Belag**

100 g Zucker
150 g Butter
150 g Kokosraspeln

## ZUBEREITUNG

1. **Backofen auf 180 °C Ober-/Unterhitze vorheizen.**
2. **Teig:** Margarine, Zucker und Vanillezucker schaumig schlagen. Nach **ca. 5 Min.** immer ein Ei pro Minute zugeben (TM: 10 Min. | Stufe 4). Mehl, Kakaopulver und Backpulver in einer Schüssel mischen. Zur aufgeschlagenen Masse geben und ganz kurz unterrühren (TM: 15 Sek. | Stufe 4).
3. Den großen Ofenzauberer gut einfetten, den Teig darauf verteilen und glatt streichen.
4. Im Backofen **ca. 30 Min.** backen und auskühlen lassen.
5. **Creme:** Sahne, Zucker und Schmand mit einem Handrührgerät kurz vermischen (TM: 4 Sek. | Stufe 3). Paradiescreme-Pulver zugeben und nur kurz verrühren – die Masse wird schnell fest (TM: 10 Sek. | Stufe 3). Die Creme auf dem Boden verteilen.
6. **Belag:** Zucker in einer Pfanne schmelzen und Butter zugeben. Wenn die Butter geschmolzen ist, die Kokosraspeln zugeben und so lange rühren, bis sie eine hellbraune Farbe angenommen haben. Noch warm auf der Creme verteilen.
7. Den Kuchen **mind. 2 bis 3 Std.** kühl stellen und dann genießen.

Der Kuchen schmeckt auch am nächsten und übernächsten Tag noch himmlisch!

# Cinnamon-Rolls

GROSSER OFENZAUBERER

3 Std. 10 Min.

## ZUTATEN

**Teig**

300 g Milch

¼ Würfel Hefe

70 g Öl

70 g Zucker

2 Eier

450 g Weizenmehl 405

1 Prise Salz

**Füllung**

130 g weiche Butter

180 g brauner Zucker

3 TL Zimt

**Frosting**

100 g Puderzucker

2 TL Vanilleextrakt

200 g Frischkäse

## ZUBEREITUNG

1. Milch, Hefe, Öl und Zucker leicht erwärmen (TM: 3 Min. | 37 °C | Stufe 2). Die restlichen Zutaten für den Teig zugeben und mit einer Küchenmaschine zu einem Teig verkneten (TM: 5 Min. | Knetstufe).
2. Teig in eine Schüssel umfüllen und abgedeckt **ca. 2 Std.** gehen lassen.
3. Teig auf eine Teigunterlage geben und zu einem Rechteck ausrollen.
4. Teig mit weicher Butter bestreichen und mit Zucker und Zimt bestreuen. Von der kurzen Seite her aufrollen und das Ende gut verschließen.
5. Aus dem Teig zwölf Schnecken schneiden.
6. Großen Ofenzauberer einfetten und Schnecken darauflegen. Abgedeckt **30 Min.** gehen lassen.
7. **Backofen auf 200 °C Ober-/Unterhitze vorheizen.**
8. Im Backofen **ca. 30 Min.** goldbraun backen.
9. **Frosting:** Alle Zutaten gut verrühren. Die noch heißen Cinnamon-Rolls mit dem Frosting bestreichen.

# Portugiesische Croissants

GROSSER OFENZAUBERER

2 Std. 10 Min.

## ZUTATEN

**Teig**

210 g Milch

½ Würfel Hefe

70 g Zucker

70 g Butter

600 g Weizenmehl 550

2 Eier

1 Prise Salz

1 Ei zum Bestreichen

1 EL Milch zum Bestreichen

Weichweizengrieß zum Bestreuen der Form

## ZUBEREITUNG

1. Milch, Hefe, Zucker und Butter leicht erwärmen (TM: 3 Min. | 37 °C | Stufe 2). Die restlichen Zutaten für den Teig zugeben und mit einer Küchenmaschine zu einem Teig verkneten (TM: 5 Min. | Knetstufe). Teig in eine Schüssel umfüllen und abgedeckt **ca. 1 Std.** gehen lassen.
2. Teig auf eine Teigunterlage geben und halbieren. Mit einem Teigroller zu einem Rechteck von ca. 25 x 45 cm ausrollen. Aus dem Teig vier Dreiecke schneiden. Jedes Dreieck zu einem Hörnchen aufrollen. Mit der zweiten Teighälfte ebenso verfahren.
3. Teiglinge abgedeckt erneut **30 Min.** gehen lassen.
4. Ei und Milch verquirlen und die Hörnchen damit bestreichen.
5. Großen Ofenzauberer oder eine andere flächige Form einfetten und mit Weichweizengrieß bestreuen. Hörnchen auf die Stoneware legen.
6. Im Backofen **ca. 25 Min.** goldbraun backen.

Sehr lecker mit süßem Belag.

# Granola-Müsli

GROSSER OFENZAUBERER

40 Min.

## ZUTATEN

60 g Kokosfett

7 EL Honig oder Agavendicksaft

300 g Haferflocken

100 g Sonnenblumenkerne

50 g Leinsamen

50 g gepuffter Amaranth

2 EL Chiasamen

2 Prisen Salz

1 TL Zimt

120 g Cranberrys oder Rosinen

## ZUBEREITUNG

1. **Backofen auf 160 °C Ober-/Unterhitze vorheizen.**
2. Kokosöl und Honig bei niedriger Hitze schmelzen.
3. Trockene Zutaten vermischen, die Flüssigkeit zur Haferflockenmischung geben und gut vermischen.
4. Die Granola-Mischung auf dem großen Ofenzauberer verteilen und **ca. 25 bis 30 Min.** knusprig backen.
5. Das Müsli alle **10 Min.** auf dem Blech umrühren, damit alles gleichmäßig trocknet.
6. Das Granola aus dem Backofen nehmen und gut abkühlen lassen.
7. In einer luftdichten Dose aufbewahrt bleibt es lange frisch und knusprig.

Sehr lecker mit Joghurt und Blaubeeren.

# Pizza-Grundteig

GROSSER OFENZAUBERER

1 Std.
10 Min.

## ZUTATEN

½ Würfel Hefe

1 Prise Zucker

210 g Wasser, lauwarm

430 g Weizenmehl 405

1,5 TL Salz

3 EL Olivenöl

**Dieses Rezept ergibt zwei große Pizzen für den großen Ofenzauberer, Zauberstein oder Runder Stein „White Lady".**

## ZUBEREITUNG

1. Hefe mit einer Prise Zucker im lauwarmen Wasser auflösen (TM: 3 Min. | 37 °C | Stufe 2). Mehl, Salz und Olivenöl zugeben.
2. Mit einer Küchenmaschine zu einem Teig verkneten (TM: 3 Min. | Knetstufe).
3. Abgedeckt **ca. 60 Min.** gehen lassen.
4. Teigmenge halbieren und eine Portion auf dem großen Ofenzauberer ausrollen.
5. Nach Belieben belegen.
6. **Backofen auf 230 °C Ober-/Unterhitze vorheizen.**
7. Pizza **ca. 20 bis 23 Min.** backen.
8. Mit der zweiten Teigportion ebenso verfahren.

**Belag auf dem Foto:**

Teig mit Tomatensoße und Mozzarella gebacken, mit Serranoschinken, Rucola und gehobeltem Parmesan belegt.

# *DIPS*

# Sour Cream

## ZUTATEN

1 Knoblauchzehe
1 Schalotte
½ Bund Schnittlauch
1 EL Zitronensaft
400 g Magerquark
200 g Crème fraîche
1 EL Weißweinessig
2 TL Zucker
Salz und weißer Pfeffer

## ZUBEREITUNG

Knoblauch pressen und Schalotte fein würfeln (TM: 6 Sek. | Stufe 5).

Schnittlauch fein hacken (TM: 5 Sek. | Stufe 7). Zitrone auspressen.

Alle Zutaten vermischen und mit Salz und Pfeffer abschmecken (TM: 20 Sek. | Stufe 3).

# Ajvar-Dip

## ZUTATEN

1 rote Paprika
200 g Frischkäse
2 EL Milch
4 EL Ajvar (scharf oder mild)
Salz
Pfeffer
2 TL Schnittlauch

## ZUBEREITUNG

Paprikaschote entkernen und fein würfeln (TM: 5 Sek. | Stufe 5).

Frischkäse, Milch, Ajvar und Paprikawürfel verrühren (TM: 10 Sek. | Stufe 3).

Mit Salz und Pfeffer abschmecken.

Schnittlauch in feine Ringe schneiden und Dip damit bestreuen.

# Kräuterquark

## ZUTATEN

2 Knoblauchzehen
1 Zitrone
250 g Magerquark
100 g Joghurt
100 g Schmand
1 TL Zucker
1 Pck. TK-Kräuter nach Wahl
Salz, Pfeffer, Paprikapulver

## ZUBEREITUNG

Knoblauch pressen (TM: 4 Sek. | Stufe 5). Zitrone auspressen.

Alle Zutaten verrühren und mit Salz, Pfeffer und Paprikapulver abschmecken (TM: 20 Sek. | Stufe 3).

# Guacamole

## ZUTATEN

2 Knoblauchzehen
½ Zwiebel
1 Chilischote
2 Avocados
1 Limette
Salz
Pfeffer
1 Tomate

## ZUBEREITUNG

Knoblauch pressen, Zwiebel und Chilischote fein hacken (TM: 4 Sek. | Stufe 7).

Avocadofleisch auslösen und Limette auspressen. Mit einer Gabel die Avocado mit dem Limettensaft zu einem Mus zerdrücken. Knoblauch, Zwiebeln, Chilischote zugeben und verrühren. Mit Salz und Pfeffer abschmecken (TM: 10 Sek. | Stufe 4).

Tomaten halbieren und entkernen. Fruchtfleisch in feine Würfel schneiden und unter die Guacamole heben.

## ZUTATEN

## ZUBEREITUNG

ZUTATEN

ZUBEREITUNG